Brinquedoteca:

Sucata Vira Brinquedo

> **Aviso ao leitor**
>
> A capa original deste livro foi substituída por esta nova versão. Alertamos para o fato de que o conteúdo é o mesmo e que esta nova versão da capa decorre da alteração da razão social desta editora e da atualilzação da linha de *design* da nossa já consagrada qualidade editorial.

S237b   Santos, Santa Marli Pires dos
             Brinquedoteca: sucata vira brinquedo / Santa Marli Pires dos Santos - Porto Alegre : Artmed, 1995.

             1. Educação - Brinquedo. 2. Brinquedoteca. I. Título

             CDU 371.695

Catalogação na publicação: Mônica Ballejo Canto CRB 10/1023

ISBN 978-85-7307-122-1

Santa Marli Pires dos Santos

Mestre em Educação pela Universidade Federal de Santa Maria (UFSM). Coordenadora de projetos de Educação Infantil em Convênio com a Fundação Bernard van Leer/Holanda e do Núcleo de Educação Infantil do Centro de Educação da Universidade Federal de Santa Maria (UFSM).

e Colaboradores

Brinquedoteca:
Sucata Vira Brinquedo

Reimpressão 2007

1995

© Artmed® Editora S.A.

Capa: Joaquim da Fonseca

Preparação do Original: Letícia Bispo de Lima

Supervisão Editorial: Letícia Bispo de Lima

Editoração eletrônica: artmed®
EDITOGRÁFICA

Reservados todos os direitos de publicação, em língua portuguesa, à
ARTMED® EDITORA S.A.
Av. Jerônimo de Ornelas, 670 - Santana
90040-340 Porto Alegre RS
Fone (51) 3027-7000 Fax (51) 3027-7070

É proibida a duplicação ou reprodução deste volume, no todo ou em parte,
sob quaisquer formas ou por quaisquer meios (eletrônico, mecânico, gravação,
fotocópia, distribuição na Web e outros), sem permissão expressa da Editora.

SÃO PAULO
Av. Angélica, 1091 - Higienópolis
01227-100 São Paulo SP
Fone (11) 3665-1100 Fax (11) 3667-1333

SAC 0800 703-3444

IMPRESSO NO BRASIL
PRINTED IN BRAZIL

COLABORADORES

- Dulce Regina Mesquita da Cruz
- Elisabete Maria Garbin
- Rosemarie da Fontoura Limberger
- Doris Pires Vargas Bolzan
- Hulda Rodrigues
- Clelia Teresinha Denardini Pereira
- Thais Diogo Passamani
- Magali Dias Scherer

Membros da Equipe do Núcleo de Desenvolvimento Infantil do Centro de Educação da Universidade Federal de Santa Maria, RS - UFSM

SUMÁRIO

Introdução 9

A importância do brinquedo 10
O direito de brincar 10
Brinquedo industrializado ou artesanal? 11
Sucata 13
Brinquedoteca 13
Brinquedista 17

EXEMPLOS DE BRINQUEDOS CRIADOS/ADAPTADOS

1. Torre 22
2. Roda pião 24
3. Ábaco 26
4. Memória tátil 28
5. Jogo lógico 30
6. Quebra-cabeça 32
7. Dominó 34
8. Bingo de animais 36
9. Seqüência de atributos 38
10. Material de contagem 40
11. Bingo de letras 42
12. Alfabetário 44
13. Alinhavo com formas geométricas 46
14. Caça palavras 48
15. Alfabetário de pano 50
16. Jogo de argola 52

17. Seqüência lógica 54
18. Ampulheta 56
19. Vaivém 58
20. Passa bola 60
21. Bilboquê 62
22. Cai não cai 64
23. Jogo lógico 66
24. Memória auditiva 68
25. Toca do ratinho 70
26. Cada cor no seu lugar 72
27. Dado do tempo 74
28. Associação de idéias 76
29. Bingo de cores e formas 78
30. Seqüência de quantidade e cor 80
31. Memória 82
32. Cinco marias 84
33. Peteca 86
34. Boneca de pano 88
35. Fantoche de dedo 90
36. Livro de pano 92
37. Memória associativa 94
38. Roda pião 96
39. Casa de pano 98
40. Calendário de pano 100

Referências Bibliográficas 102

INTRODUÇÃO

Nos últimos anos, temos desenvolvido trabalhos sobre temas relacionados à Educação Infantil, realizando projetos de pesquisas que enfocam a formação de educadores, a construção de propostas curriculares e a criação e dinamização de Brinquedotecas. A participação em eventos dessa natureza permitiu-nos também acompanhar os avanços nesta área de conhecimento, levando-nos a enxergar a criança de forma diferente. Hoje, ela não pode ser mais considerada como o não-adulto, o quase-adulto ou o adulto incompleto, mas sim como um ser histórico-social que tem características próprias e que requer respostas próprias.

Um dos aspectos que marcam a infância é o *brinquedo*, e este é para a criança aquilo que o trabalho é para o adulto, isto é, sua principal atividade. Toda criança brinca independentemente da época, cultura ou classe social. O brinquedo é a essência da infância, e o brincar, um ato intuitivo e espontâneo.

Educadores, psicólogos, pais ou qualquer pessoa que trabalhe com criança, interferindo, portanto, em seu desenvolvimento, não pode ficar alheio ao brinquedo, ao jogo, às brincadeiras, pois tais atividades são o veículo do seu crescimento, possibilitando à criança explorar o mundo, descobrir-se, entender-se e posicionar-se em relação a si mesma e à sociedade de uma forma natural.

Por acreditarmos que *brincadeira é coisa séria* é que estamos apresentando neste livro algumas idéias que julgamos fundamentais sobre criança, brinquedo, jogo, Brinquedoteca e sua forma de organização, bem como alternativas para confecção de materiais lúdicos. Com isso, pretendemos mostrar que é possível trabalhar com materiais atraentes e educativos, com baixo custo.

A IMPORTÂNCIA DO BRINQUEDO

Jogos, brinquedos e brincadeiras fazem parte do mundo da criança, pois o brincar está presente na humanidade desde o seu início. Para DI-DONET (1994) o brincar antecede a humanidade. Segundo o autor, os animais também brincam, embora o ser humano, ser-de-cultura, brinque diferente. Pelo jogo, este mergulha em um clima lúdico dentro do qual a realidade tem conteúdo e simbologia próprios dos jogadores-criança. O brincar, portanto, é uma atividade natural, espontânea e necessária para a criança, constituindo-se, por isso, em peça importantíssima na sua formação. Seu papel transcende o mero controle de habilidades. É muito mais abrangente. Sua importância é notável, já que através dessas atividades a criança constrói seu próprio mundo.

Segundo RODRIGUES (1976), a função dos jogos e dos brinquedos não se limita ao mundo das emoções e da sensibilidade, ela aparece ativa também no domínio da inteligência e coopera, em linhas decisivas, para a evolução do pensamento e de todas as funções mentais superiores. Assume também uma função social, e esse fato faz com que as atividades lúdicas extravasem sua importância para além do indivíduo.

A brincadeira de faz-de-conta — mágica por excelência — aparece com maior freqüência entre os dois e quatro anos e é considerada uma das fases mais marcantes da fantasia infantil. A criança, quando se envolve nesta brincadeira, assume papéis da vida adulta, e isso proporciona que ela faça a mediação entre o real e o imaginário. Conforme RODRIGUES (1976), esse "fingimento" da realidade, vivenciado no faz-de-conta, distingue-se da imitação e constitui-se em uma recriação das percepções da criança.

Nesta perspectiva, devemos considerar o brinquedo um fator de extrema relevância no desenvolvimento infantil.

O DIREITO DE BRINCAR

O brincar é um direito da criança, e este direito é reconhecido em declarações, convenções e leis, como nos mostram a Convenção sobre os Direitos da Criança de 1989, adotada pela Assembléia das Nações Unidas, a Constituição Brasileira de 1988 e o Estatuto da Criança e do

Adolescente de 1990. Todos são conquistas importantes que colocam o *brincar* como prioridade, sendo direito da criança e dever do Estado, da família e da sociedade. Essa é uma questão legal e aceita por todos. Dificilmente alguém questiona tal direito, mas sabe-se, por outro lado, que ele não está sendo cumprido. Muitas crianças brincam pouco e, outras, nem brincam. E as razões desse *não-brincar* se manifestam de diversas formas.

Muitas crianças perdem o direito de brincar nos primeiros anos de sua infância, por deficiência física ou mental ou por estarem hospitalizadas, e há outras, ainda, que trabalham para ajudar os pais no sustento da família. A ausência do brinquedo, entretando, não as impede de brincar, pois elas usam a imaginação. Contudo, sabemos que o brinquedo é um suporte material que facilita este ato.

Não se pode esquecer, no entanto, que também as crianças das classes média e alta muitas vezes são tolhidas em seu direito de brincar, pois seus pais as matriculam em diversos cursos (natação, dança, ginástica, música, judô, etc.) como se isso fosse o melhor para elas, levando-as, em alguns casos, ao estresse infantil, causado pelo cansaço físico e pela ansiedade (DIDONET, 1994).

Um outro aspecto a citar é que a falta de espaço físico ocasionada pelo progresso da civilização tem dificultado o ato de brincar. O planejamento urbano esqueceu-se das praças e jardins, as casas perderam os quintais e transformaram-se em minúsculos apartamentos, as praças existentes e as ruas tornaram-se violentas, as mães que tomavam conta dos filhos abraçaram o mercado de trabalho, e as crianças ficaram com pouco espaço físico para sua ludicidade.

É necessário considerar sempre o brincar como um ato de grande importância, que oportuniza à criança a escolha entre os múltiplos tipos de brinquedos oferecidos na sociedade. Podemos afirmar, sem dúvida, que tanto as brincadeiras de rodas cantadas e as dramatizações como os brinquedos industrializados e artesanais são, todos, imprescindíveis na vivência infantil.

BRINQUEDO INDUSTRIALIZADO OU ARTESANAL?

O brinquedo é um objeto facilitador do desenvolvimento das atividades lúdicas, que desperta a curiosidade, exercita a inteligência e permite a imaginação e a invenção. Segundo ANDRADE (1994), o brinquedo propõe à criança um mundo do tamanho de sua compreensão.

A criança gosta de brincadeiras em geral, além de gostar também de brinquedos como carrinhos, bonecas, pipas, bolas, trenzinhos, casinhas, bichos de pelúcia, entre outros. A produção desses brinquedos se dá de forma industrializada e artesanal.

Como possibilitar o seu acesso a todas as crianças?

A indústria produz brinquedos em larga escala, dominando o mercado e sendo responsável pela demanda. Seu produto, além de apresentar alto custo, geralmente é um brinquedo em que tudo está pronto, basta apertar um botão para funcionar, em muitos casos sendo a criança apenas espectadora, pois não interage com o objeto, não cria e não participa efetivamente.

O mercado expõe brinquedos atraentes independentemente da importância que possam ter para a criança e, neste sentido, interferem também na questão cultural. Tais brinquedos reproduzem personagens, nomes, atitudes e valores de culturas estrangeiras que nada têm a ver com nossas crianças. A indústria os fabrica pensando, antes de mais nada, em encontrar quem os compre, com o uso e a posse do brinquedo passando a depender do poder aquisitivo do consumidor.

A força da multimídia contribui para o consumo em massa e o brinquedo passa a ser consumido por outros fatores, e não pelo seu valor intrínseco. Em vista disso, a análise e a seleção desses brinquedos passam a ser de suma importância, pois a adequação da escolha deve realmente contribuir para a formação e o desenvolvimento da criança. Contudo, não se pode afirmar que todo o brinquedo industrializado é negativo, pois existem no mercado inúmeros exemplos que provam o contrário. Além disso, ele pode servir de base para a recriação de outros brinquedos, adaptando-os à realidade da criança; nessa adaptação, podem ser utilizados materiais de baixo custo, como a sucata, acrescentando a eles o caráter lúdico, a alegria e o encantamento da recriação e mantendo vivo o espaço dos outros tipos de brinquedos.

O brinquedo artesanal, por outro lado, sempre se fez presente em nossa sociedade, sendo caracterizado pelo meio sociocultural em que é produzido, representando, assim, a realidade concreta desse meio. Segundo OLIVEIRA (1984), as mãos humanas são capazes de exprimir o que máquina alguma poderia fazer, ou seja, nossa própria identidade. No entanto, o fato de nossa sociedade estar organizada para a produção e o consumo de mercadorias faz com que os brinquedos artesanais muitas vezes sofram discriminação. Ainda, conforme o autor, tal problema não se esgota na esfera socioeconômica, repercutindo também na escola e na família.

Apesar dessas questões, um aspecto importante no brinquedo artesanal é que ele também proporciona momentos de ludicidade para o

Brinquedoteca: Sucata Vira Brinquedo

adulto que o cria, confecciona e sente o prazer de vê-lo pronto, e não só para a criança que brinca. Sendo assim, esses brinquedos sempre terão espaço muito importante na formação social das pessoas; para OLIVEIRA (1984), são insubstituíveis por serem concebidos e realizados na sua totalidade por homens, e não por máquinas, no ritmo humano, como produto da habilidade, da fantasia e da capacidade criadora de cada um. E incentivar a criação do brinquedo artesanal é fundamental, pois, além de seu valor intrínseco, é mais acessível às classes menos favorecidas.

O brinquedo artesanal sempre será valorizado por suas características e fins específicos, não precisando do contraponto ao brinquedo industrializado para se mostrar importante. Como é possível perceber, ambos desempenham papel decisivo na vida das crianças, o que torna necessário valorizar os dois tipos como suporte às atividades lúdicas.

SUCATA

A sucata é um suporte potencial para a atividade infantil, porém alguns cuidados devem ser tomados no seu uso. Não é com todo material descartável que a criança pode brincar; além disso, é necessário que este material esteja limpo, organizado e não ofereça perigo. Ou seja, é preciso distinguir sucata de lixo.

Para a construção de jogos e brinquedos com material de sucata o essencial não é o objeto em si, mas sim o que ele pode oferecer. Segundo ANDRADE (1994), o principal é como um objeto de sucata pode contribuir no contexto do jogo. Não é qualquer coisa jogada fora que serve, cada elemento deverá ter uma função específica, seu lugar próprio na organização que faz parte do processo de criação.

É importante a construção de uma *sucatoteca* — isto é, um conjunto de materiais descartáveis que pressupõe limpeza, seleção e análise da matéria-prima, tanto quantitativa quanto qualitativamente. Além disso, são necessários para a produção artesanal materiais acessórios de boa qualidade, como tesouras, estiletes, colas, etc., e espaço adequado.

BRINQUEDOTECA

A Brinquedoteca é uma nova instituição que nasceu neste século para garantir à criança um espaço destinado a facilitar o ato de brincar. É um espaço que se caracteriza por possuir um conjunto de brinquedos, jogos e brincadeiras, sendo um ambiente agradável, alegre e colorido, onde mais importante que os brinquedos é a ludicidade que estes proporcionam.

Este ambiente criado especialmente para a criança tem como objetivo estimular a criatividade, desenvolver a imaginação, a comunicação e a expressão, incentivar a brincadeira do faz-de-conta, a dramatização, a construção, a solução de problemas, a socialização e a vontade de inventar, colocando ao alcance da criança uma variedade de atividades que, além de possibilitar a ludicidade individual e coletiva, permite que ela construa o seu próprio conhecimento.

A primeira idéia de Brinquedoteca surgiu em 1934, em Los Angeles. A idéia nasceu para tentar resolver o problema de que as crianças de uma escola roubavam brinquedos de uma loja próxima. Com esse fato, iniciou-se um serviço de empréstimo de brinquedos. Tal serviço existe até hoje e é chamado *Los Angeles Toyloam*, porém sua expansão se deu, realmente, a partir da década de 60 (CUNHA, 1992).

Em 1963, em Estocolmo/Suécia, surgiu a primeira Ludoteca, tendo como objetivos a orientação de pais de crianças excepcionais, o estímulo à aprendizagem e o empréstimo de brinquedo.

Em 1967, na Inglaterra, surgiram as *Toy Libraries* ou Bibliotecas de brinquedos.

A partir do primeiro congresso sobre o assunto, realizado em 1976 em Londres, segundo CUNHA (1992), o trabalho que inicialmente era só de empréstimo de brinquedos foi tornando-se cada vez mais abrangente e, em 1987, no Congresso Internacional de Toy Libraries, no Canadá, foi questionada a adequação do nome *Toy Libraries*, visto que nelas muitos outros trabalhos eram realizados e não só o empréstimo de brinquedos. A partir daí, a Brinquedoteca assumiu várias funções, e o movimento nesta área ganhou força e expansão em vários países da Europa.

No Brasil, constata-se também o reflexo desse movimento, surgindo, em 1973, a Ludoteca da APAE, que funcionava sob a forma de rodízio de brinquedo entre as crianças.

Em 1981, foi criada a primeira Brinquedoteca brasileira, na Escola Indianópolis, em São Paulo, com objetivos diferenciados das *Toy Libraries* e com características e filosofia voltadas às necessidades da criança brasileira, priorizando o ato de brincar, mantendo o setor de empréstimos, atendendo diretamente a criança e dando incentivo a um movimento de expansão da idéia a outras pessoas e instituições.

Em 1984, foi criada a Associação Brasileira de Brinquedoteca, o que fez crescer o movimento no Brasil. Inúmeros eventos foram realizados, começando a surgir Brinquedotecas em diferentes estados brasileiros. Desde então, a Associação Brasileira tem se mantido atuante na divulgação, no incentivo e na orientação a pessoas e instituições. Hoje existem aproximadamente 180 Brinquedotecas, de vários tipos e funções, funcionando no Brasil e levando às crianças a alegria e a magia do brincar.

Tipos de brinquedoteca

O empréstimo de brinquedo foi a característica inicial das Brinquedotecas, mas sua difusão aconteceu rapidamente, e outros serviços adotados por esta instituição diversificaram sua dinâmica, criando tipos variados.

As Brinquedotecas classificam-se em função de diferentes fatores, entre eles, a situação geográfica, as tradições e as culturas de cada povo, o sistema educacional, os materiais e espaços disponíveis, os valores e as crenças e os serviços prestados; entretanto, independentemente de cada tipo, é sempre preservado o aspecto lúdico como fator primordial que assegura o direito da criança de brincar.

Os tipos mais comuns são as Brinquedotecas:

- escolas: geralmente são escolas que trabalham com Educação Infantil e procuram suprir as necessidades de materiais para o desenvolvimento da aprendizagem. Caracterizam-se pela montagem de um acervo, sendo utilizada a própria sala de aula como espaço para brincar. Logo após a utilização, os brinquedos retornam à sala do acervo. Sua dinâmica é semelhante à da Biblioteca;

- de bairro: montadas com a participação da comunidade e de associações, são freqüentadas pelas crianças da comunidade;

- de hospitais ou clínicas: este tipo colabora no tratamento de crianças com problemas, para amenizar traumas da internação ou como terapia;

- de universidades: montadas por profissionais de educação, com a finalidade principal de pesquisa e formação de recursos humanos;

- circulantes: também chamadas de ambulantes, móveis, itinerantes. Este tipo pode ser adaptado a um ônibus ou instalado dentro de um circo. A finalidade é levar a Brinquedoteca a diferentes lugares; o tempo em cada local varia, dependendo de cada situação;

- biblioteca: funciona somente como setor de empréstimo;

- rodízio: não tem lugar definido, um grupo de crianças troca brinquedos sob forma de rodízio, levando para casa o brinquedo por empréstimo por um tempo determinado; um novo encontro é marcado e os brinquedos são novamente trocados; e

◆ temporárias: são montadas em locais onde acontecem grandes eventos, para oferecer um espaço para a criança, enquanto os pais participam da programação.

Além desses tipos, existem ainda Brinquedotecas em condomínios, hotéis, presídios e clubes.

De acordo com cada tipo de Brinquedoteca, varia também sua função, sendo as mais marcantes as funções de ensino, pesquisa, lazer e terapêutica. Cada instituição pode ter uma Brinquedoteca com uma ou mais dessas finalidades.

Brinquedoteca da UFSM

A Brinquedoteca da Universidade Federal de Santa Maria faz parte do Núcleo de Desenvolvimento Infantil (NDI) do Centro de Educação, tendo sido criada com o apoio da Fundação Bernard Van Leer, com sede na Holanda.

É um espaço onde o brinquedo é considerado coisa séria tanto para a criança, que explora, manipula, joga, sente-se feliz e aprende, como para o adulto, que vê no brinquedo um valor inesgotável. Ambos se beneficiam com a Brinquedoteca. A criança brinca, e o adulto discute o valor do brinquedo, analisa sua relação com a criança, no sentido de compreender seu desenvolvimento, realiza pesquisa e cria jogos e brinquedos a partir de material de baixo custo.

Funcionamento

A brinquedoteca da UFSM funciona:

◆ como um laboratório onde professores e alunos do Curso de Pedagogia da UFSM dedicam-se à exploração do brinquedo em termos de pesquisa e de busca de alternativas que possibilitem a confecção do brinquedo a baixo custo;

◆ como espaço da criança, possibilitando vivências lúdicas;

◆ como apoio às escolas, possibilitando a retirada de brinquedos através de empréstimos;

◆ como apoio à comunidade no desenvolvimento de cursos, estágios e palestras;

◆ como apoio ao estágio, possibilitando aos estagiários do Curso de Pedagogia — habilitação Pré-Escola — a utilização da Brinquedoteca;

Brinquedoteca: Sucata Vira Brinquedo 17

♦ como assessoria, em que instituições governamentais e não-governamentais buscam assessoramento para montagem de Brinquedotecas ou para trabalhos específicos referentes ao brinquedo nas escolas, tendo como funções a pesquisa, o ensino e o lazer.

Dinamização

A Brinquedoteca dinamiza-se a partir de etapas. Na primeira etapa, por meio do estudo teórico, busca-se uma fundamentação para dar cientificidade ao trabalho. Para isso, o NDI conta com uma biblioteca específica sobre Educação Infantil e uma videoteca relacionada à área.

Na segunda etapa, desenvolve-se a criação de projetos, em que os protótipos de brinquedos são criados e analisados na visão do adulto, determinando-se os objetivos, a função, o tema, a faixa etária e as regras de aplicação dos jogos junto à criança.

Na terceira etapa, acontece a produção de material, em que os protótipos são confeccionados em número reduzido, para experimentação e testagem.

Na quarta etapa, faz-se a experimentação dos brinquedos que foram colocados à disposição das crianças na sala de experiência do NDI, dentro de uma proposta pedagógica com base na construção do conhecimento. Nessa proposta, os jogos e brinquedos são objetos de observação e análise. As crianças são avaliadas na fase anterior à experimentação, e, após um período de exploração dos jogos e brinquedos, a avaliação é feita novamente. É neste momento que se verifica a validade de cada jogo.

Na quinta etapa, é feita a confecção em série dos brinquedos e jogos que eram pedagogicamente adequados durante a etapa de experimentação, passando, então, a fazer parte do acervo da Brinquedoteca. Os brinquedos inadequados ao uso infantil, após a experimentação, são eliminados.

Essas etapas de dinamização são fundamentais para que qualquer Brinquedoteca tenha um acervo rico e bem-adequado ao que se propõe.

BRINQUEDISTA

Com o surgimento da Brinquedoteca, tornou-se necessário pensar em um profissional específico para atender às necessidades desta nova instituição. Ao configurarmos este serviço, usamos o termo *brinquedista* para denominar esta função. Hoje este termo já é bastante conhecido.

O brinquedista é aquele profissional que trabalha com a criança, fazendo a mediação criança/brinquedo. Esta função é a mais importante dentro da Brinquedoteca e pressupõe uma formação específica. Entende-se que o brinquedista, antes de mais nada, deva ser um educador, ou seja, antes de ser especialista em brinquedo, ele deve ter em sua formação conhecimentos de ordem psicológica, pedagógica, sociológica, literária, artística, enfim, elementos que lhe dêem uma visão de mundo e um conhecimento sólido sobre criança, brinquedo, jogo, brincadeira, escola, homem e sociedade.

Precisa-se, na Brinquedoteca, de um educador-brinquedista. Unir esses dois pólos é fundamental para o equilíbrio teórico-prático, pois a primazia do educador sobre o brinquedista poderá resultar em um pedagogismo exagerado, tirando a magia, a liberdade e o sonho da brincadeira infantil, transformando brinquedos e jogos em técnicas pedagógicas. Por outro lado, a primazia do brinquedista sobre o educador poderá transformar o trabalho nas Brinquedotecas em espontaneísta, sem caráter científico, transformando-as em depósitos de crianças e brinquedos, onde tudo ou nada pode acontecer.

Ambas tendências já são constatadas nas Brinquedotecas brasileiras: existem aquelas que, em nome de uma "suposta liberdade para a criança", transformam o trabalho em um caos, com brinquedos desorganizados, crianças soltas e sem apoio, e apenas alguém olha de longe como espectador, conferindo ao brinquedista o papel de "babá de luxo". Por outro lado, há Brinquedotecas muito organizadas, onde, em nome de um "aprender brincando", há exagero na rigidez, e o brinquedo torna-se uma tarefa escolar para a criança.

O desafio é chegar ao equilíbrio entre esses dois modelos. A adequação entre eles é uma questão resultante da não-fragmentação dos pressupostos teóricos que embasam nosso fazer cotidiano.

Onde buscar esta formação?

Entendemos que, nos cursos de formação de profissionais para Educação Infantil, deveriam estar inseridos conteúdos teóricos e práticos consistentes para prepará-los para atuarem também em Brinquedotecas; contudo, pela realidade destes cursos, fica claro que os currículos não contemplam disciplinas de caráter lúdico suficientes para tal formação. No Brasil, portanto, não existe um curso institucionalizado para formar o educador-brinquedista.

Não se pode ignorar, entretanto, que, devido ao fato de as Brinquedotecas serem laboratórios vivos e seu trabalho atrair, além de crianças, pais, professores, especialistas e pessoas interessadas no assunto, podemos afirmar que elas vêm se transformando em pólos de capacitação, oferecendo cursos, seminários, estágios e treinamento em serviço.

Em função dessa realidade, é necessário fazer um trabalho de sensibilização nas universidades e agências formadoras de recursos humanos para Educação Infantil, a fim de que se possa repensar seus currículos, adequá-los às novas necessidades e criar cursos específicos para formar o educador-brinquedista, preenchendo a lacuna desta área e formando:

> aquele profissional sério, que estuda, que pensa, que pesquisa, que experimenta, dando um caráter de cientificidade a seu trabalho e, ao mesmo tempo, aquela pessoa com sensibilidade, entusiasmo e determinação, que chora, que ri, que canta e que BRINCA.

A seguir, apresentaremos, por meio de fotos e descrições, uma coletânea de jogos e brinquedos criados/adaptados e experimentados na Brinquedoteca e que fazem parte do acervo.

Exemplos de Brinquedos Criados/Adaptados

1. TORRE

Descrição

A torre consiste num conjunto de 20 caixas de papelão (com tamanhos diferentes, 1cm de diferença de uma para outra), de maneira que possam encaixar-se facilmente.

Material

◆ Papelão, fita gomada, papel colorido, papel branco e papel contact transparente.

Confecção

◆ Selecionar cartão (caixa de papelão) da mesma espessura.
◆ Cortar cinco quadrados para cada tamanho de caixa (cinco quadrados com 1cm, cinco com 2cm e assim, sucessivamente, até 20cm).
◆ Montar as caixas, unindo os quadrados com fita gomada.
◆ Forrar as caixas de uma só cor.
◆ Recortar, em papel colorido, formas diferentes para cada lado da caixa.
◆ Colar as formas.
◆ Para maior durabilidade, forrar as caixas depois de prontas com contact transparente.

Objetivo

O jogo tem por finalidade desenvolver as noções de semelhanças e diferenças de cor, forma, tamanho, volume e seqüência lógica.

Regra

Neste jogo, podem participar de 1 a 20 participantes. As formas podem ser montadas na vertical, formando a torre, e na horizontal formando uma seqüência lógica, encaixando uma dentro da outra, ou ainda fazendo experiências com objetos sólidos (bolinha de isopor, areia ou cereais) para determinar a noção de volume

Brinquedoteca: Sucata Vira Brinquedo 23

TORRE

2. RODA PIÃO

Descrição

O roda pião é composto de um tabuleiro, um pião e um conjunto de material de contagem.

Material

• Cartão, papel branco, papel pardo, um pedaço de lápis usado, pano.

Confecção

• Com cartão (caixa de papelão) confeccionar uma caixa com 40cm de lado que sirva de base para o tabuleiro. Com o mesmo tamanho (40cm) fazer um quadrado e dividi-lo em 16 quadrados menores, formando o tabuleiro.
• Colorir alguns quadrados que alternadamente são numerados de 1 a 15. Cola-se esse tabuleiro no fundo da caixa.
• Para confeccionar o pião recorta-se, em papelão, um círculo de 5cm.
• Colorir com as mesmas cores do tabuleiro.
• Fazer um furo no centro e colocar um pedaço de lápis com ponta, de modo que ele fique com o mesmo tamanho nos dois lados do círculo.
• Com a mesma cor dos quadrados numerados confeccionar o material de contagem e colocar num saquinho de pano.

Objetivo

O jogo tem por finalidade desenvolver a relação número/quantidade, a coordenação motora e a identificação.

Regra

No roda pião, podem participar de dois a quatro parceiros. Roda-se o pião no tabuleiro, e, conforme o número e a cor onde o pião parou, o jogador retira da mesa as peças do material de contagem. O jogo termina quando as peças acabarem. Quando o pião parar em um quadrado branco, o jogador perde a vez. Ganha quem conseguir o maior número de peças; ganha-se também pelo número de peças em cada cor.

RODA PIÃO

3. ÁBACO

Descrição

O ábaco é composto por um conjunto de 55 peças iguais, sendo 10 numeradas.

Material

• Caixas de cigarro, cartão, papel colorido e papel contact transparente.

Confecção

• Encher as 55 caixas com jornal picado.
• Forrar com papel de uma só cor todas as caixas.
• Numerar 10 caixas de 1 a 10.

Objetivo

O ábaco tem por finalidade desenvolver o pensamento lógico, a relação número/quantidade e a realização de operações matemáticas.

Regra

No ábaco, as peças deverão ser colocadas em seqüência lógica, considerando os atributos em relação ao numeral. Esta seqüência poderá ser tanto na horizontal como na vertical. Após a seqüência montada, acontecem as operações matemáticas, deslocando ou retirando peças.

Brinquedoteca: Sucata Vira Brinquedo

ÁBACO

4. MEMÓRIA TÁTIL

Descrição

O jogo de memória consiste em um número X de peças, sendo composto de pares de peças iguais.

Material

• Cartelas, cereais, lãs, papel, rolhas, palitos, cordões.

Confecção

• Em cada par de cartelas deverão ser coladas texturas iguais (duas cartelas com lã, duas com palitos, etc.), formando o jogo no mínimo com seis pares.

Objetivo

A memória tátil tem por finalidade desenvolver a percepção tátil através das semelhanças e diferenças de texturas.

Regra

Após espalharem-se as peças na mesa, as crianças, que devem estar com os olhos vendados, procuram os pares. Aquele que fizer mais pares ganha o jogo.

Brinquedoteca: Sucata Vira Brinquedo

MEMÓRIA TÁTIL

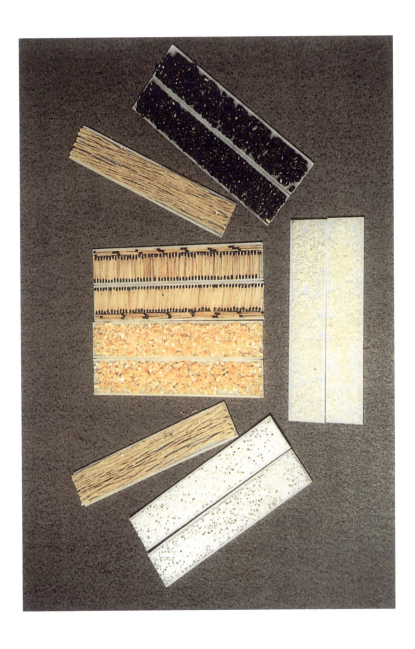

5. JOGO LÓGICO

Descrição

O jogo lógico é composto por três dados (forma, quantidade e cor) e 180 peças divididas em três formas e seis cores.

Material

♦ Cartão e papel.

Confecção

♦ Cortar 18 quadrados iguais (15cm x 15cm) para a montagem dos dados (cartão grosso).
♦ Forrar os dados com papel branco.
♦ Num dado, colocam-se as quantidades (de 1 a 6) representadas por pequenos círculos pretos. Em outro, colocam-se as seis cores, uma cor em cada lado do dado e, por último, as três formas, cada forma se repetindo uma vez.
♦ Recortar 60 triângulos iguais divididos em seis cores (10 de cada cor).
♦ Recortar 60 quadrados iguais divididos em seis cores (10 de cada cor).
♦ Recortar 60 círculos iguais, divididos em seis cores (10 de cada cor).

Objetivo

O jogo lógico tem por finalidade desenvolver as noções de forma, cor e quantidade.

Regra

Neste jogo podem participar de dois a quatro parceiros. Após terem sido espalhadas sobre a mesa todas as formas (180), jogam-se os dados um de cada vez e verifica-se o resultado. A criança que jogou seleciona as formas pela cor e pela quantidade e então as retira da mesa. A criança seguinte repete a operação, e assim, sucessivamente, até se esgotarem todas as formas. Ganha quem conseguir o maior número de peças; ganha-se também pelo maior número de formas ou cores.

JOGO LÓGICO

6. QUEBRA-CABEÇA

Descrição

O quebra-cabeça consiste na montagem de parte de uma mesma figura até chegar ao todo.

Material

◆ Cartão, caixa e figuras.

Confecção

Quebra-cabeça vazado
◆ Colar uma figura num cartão grosso e vazar partes, tirando algumas peças.

Quebra-cabeça recortado
◆ Colar uma figura num cartão grosso e recortar em partes.

Quebra-cabeça de caixas
◆ Encher as caixas com jornal picado.
◆ Forrar as caixas com papel de uma só cor.
◆ Recortar a figura na mesma medida das caixas.
◆ Colar as partes nas caixas.

Objetivo

O jogo de quebra-cabeça tem por finalidade desenvolver a atenção, a concentração, a discriminação visual e a relação parte/todo.

Regra

O quebra-cabeça está indicado para crianças a partir dos dois anos, iniciando por colocar o menor número de peças possível (2), aumentando-se de acordo com a idade e/ou desempenho da criança. É recomendado também que todo quebra-cabeça tenha junto a figura inteira. Ganha quem completar a figura primeiro.

QUEBRA-CABEÇA

7. DOMINÓ

Descrição

O dominó consiste num conjunto de peças com figuras ou elementos. Cada peça é composta por duas figuras colocadas nas extremidades. O número de peças dependerá do número de figuras selecionadas.

Material

♦ Caixa, papel colorido e figuras.

Confecção

Para confeccionar um dominó, deve-se escolher um número X de elementos diferentes, que serão os elementos básicos. Cada elemento básico deverá estar representado duplamente em uma peça, e após, associado a cada um dos outros elementos (ex.: dominó de animais). Assim, um dominó de cinco elementos básicos terá 15 peças.
Para fazer um dominó de meios de comunicação:
Coletar seis figuras de televisão, seis figuras de rádio, seis figuras de telefone, seis figuras de jornal e seis figuras de carta.
♦ Selecionar um conjunto de caixas iguais e em forma retangular.
♦ Encher as caixas de jornal picado.
♦ Forrar as caixas com papel de uma só cor.
♦ Colar as figuras uma em cada extremidade da caixa.

Objetivo

O dominó tem por finalidade desenvolver o pensamento lógico, a atenção, a concentração e a identificação de semelhanças e diferenças.

Regra

O dominó pode ser jogado em dupla ou em equipe. Distribuem-se todas as peças em quantidades iguais para cada participante. O que inicia coloca a primeira peça no centro da mesa, e, por ordem, os participantes terão que ir completando com a mesma figura de um dos lados da peça. Quem não tiver peça para completar passa a vez de jogar. Aquele que terminar primeiro suas peças ganha o jogo.

Brinquedoteca: Sucata Vira Brinquedo 35

DOMINÓ

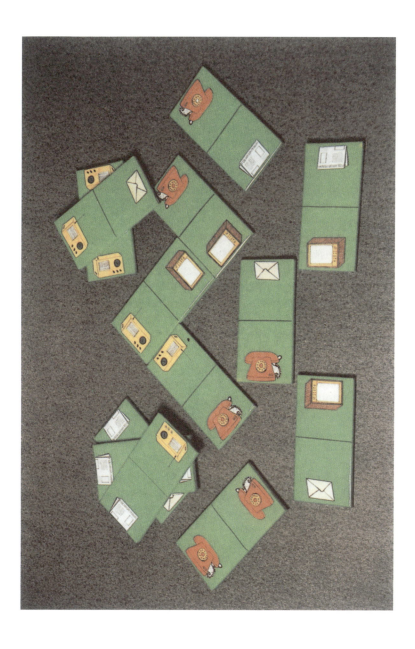

8. BINGO DE ANIMAIS

Descrição

O jogo de bingo consiste num conjunto de elementos (figuras) colocados em cartelas, onde os mesmos elementos fazem parte de um baralho.

Material

• Cartão e figuras.

Confecção

• Não existe número determinado de peças para elaboração do bingo. As figuras deverão ser selecionadas por classes (animais, flores, letras, etc.) sendo repetidas no mínimo uma vez, pois o baralho consiste no conjunto total das figuras, que estão representadas nas cartelas.

Cartelas
• Selecionar as figuras ou desenhos.
• Cortar as cartelas em tamanhos iguais.
• Colar no mínimo quatro figuras diferentes em cada cartela.
• Obs.: as figuras poderão se repetir em diferentes cartelas, desde que não exista nenhuma cartela totalmente igual.

Baralhos
• Cortar as cartas em tamanhos iguais de acordo com o tamanho das figuras.
• Colar as figuras nas cartas.

Marcação
• Selecionar o material para a marcação do bingo, que pode ser tampinhas, fichas ou sementes.

Objetivo

O bingo de animais tem por finalidade desenvolver a atenção, a concentração, a discriminação visual e a identificação de animais.

Regra

O bingo de animais joga-se em equipe, cada jogador recebendo uma cartela. Quem está comandando o jogo começa, mostrando uma carta. Aquele que identificar a figura na sua cartela marca com uma ficha. Ganha o jogo quem primeiro preencher sua cartela.

BINGO DE ANIMAIS

9. SEQÜÊNCIA DE ATRIBUTOS

Descrição

O jogo de seqüência de atributos é composto por um conjunto de peças iguais na forma, mas que se diferenciam pelo número de atributos nelas contido. Não existe número determinado de peças.

Material

* Tampas, caixas (ou qualquer outra peça em que possam ser coladas figuras) e papel colorido.

Confecção

* Selecionar objetos ou caixas iguais.
* Escolher uma figura para ser o padrão.
* Recortar ou colar as figuras de modo que em cada peça seja acrescido um atributo até que a última peça represente a figura total.

Objetivo

O jogo de seqüência de atributos tem por finalidade desenvolver a percepção visual e a noção de seqüência lógica.

Regra

Espalham-se as peças na mesa, de forma aleatória, e os jogadores devem colocá-las em seqüência lógica. Esta pode ser de um elemento até chegar ao todo, ou iniciar pelo todo até chegar a um elemento.

Brinquedoteca: Sucata Vira Brinquedo 39

SEQÜÊNCIA DE ATRIBUTOS

10. MATERIAL DE CONTAGEM

Descrição

O material de contagem caracteriza-se por um grande número de objetos iguais, geralmente de pequeno porte, possibilitando, além da contagem, a formação de conjuntos e a seqüência lógica.

Material

• Capas de revistas ou cartazes.

Confecção

Rolinhos
• Selecionar capas de revistas, cartazes ou qualquer papel colorido.
• Marcar com a régua, de um lado da folha, de 2cm até o final.
• Marcar do outro lado, iniciando a marcação com 1cm, e depois 2cm até o final da folha.
• Unir os pontos.
• Cortar pela linha (o recorte tem a forma de um triângulo eqüilátero).
• Com o auxílio de um lápis, enrolar as tiras de papel, começando pelo lado maior e colocando cola no início e no final do rolinho.
• Guardar em caixas ou potes todos os rolinhos juntos.
Varetas
• Selecionar folhas de revistas coloridas.
• Enrolar a folha, iniciando por um dos cantos até o final.
• Colocar cola na extremidade.

Objetivo

O material de contagem tem por finalidade desenvolver o pensamento lógico, a noção de quantidade e a realização de operações matemáticas.

Regra

Não existe uma regra fixa para a utilização do material de contagem. Ele pode ser utilizado para a marcação de jogos, elaboração de seqüência ou formação de conjuntos. Além disso, a criança poderá inventar diferentes brincadeiras e jogos com o material.

Brinquedoteca: Sucata Vira Brinquedo

MATERIAL DE CONTAGEM

11. BINGO DE LETRAS

Descrição

O bingo de letras consiste num jogo comum de bingo, isto é, um conjunto de elementos (letras) colocadas em cartelas e cartas.

Material

• Cartão.

Confecção

• Cortar 10 cartelas (16cm x 16cm) e dividir este quadrado em 16 quadrados de 4cm x 4cm.
• Colocar 16 letras de maneira que nenhuma cartela seja igual à outra.
• As letras nas cartelas podem ser repetidas.
• Cortar 23 quadrados de 4cm x 4cm e colocar as letras do alfabeto, formando um baralho.

Objetivo

O bingo de letras tem por finalidade desenvolver a atenção, a percepção visual e a função da escrita.

Regra

O bingo de letras deve ser jogado em equipe; cada elemento do grupo recebe uma cartela, e o comandante do jogo fica com as cartas, mostrando-as uma a uma. Quem as identificar na sua cartela marca ponto. Ganha aquele que primeiro preencher a cartela.

BINGO DE LETRAS

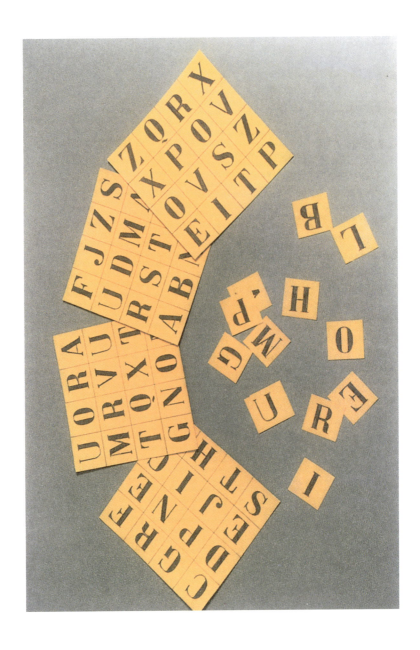

12. ALFABETÁRIO

Descrição

O alfabetário é composto de 26 letras, sendo que cada letra é repetida 20 vezes em cartas de baralho, perfazendo um total de 512 cartas dispostas num suporte de madeira.

Material

• Madeira e cartão.

Confecção

• Cortar 512 cartas.
• Escrever as letras, repetindo cada letra em 20 cartas.

Objetivo

O alfabetário tem por finalidade desenvolver a percepção visual, a convivência com o material letrado e a criação de várias formas de montagens de palavras e frases.

Regra

O alfabetário deve ficar à disposição das crianças como um jogo qualquer. Pode ser utilizado para que a criança escreva seu nome, identifique e escreva outros nomes e frases, convivendo assim com a leitura e a escrita.

ALFABETÁRIO

13. ALINHAVO COM FORMAS GEOMÉTRICAS

Descrição

O alinhavo consiste em peças com formas geométricas em cores diferentes com vários furos nas bordas.

Material

* Madeira de espessura fina, cordão ou cadarço.

Confecção

* Cortar uma tábua fina em formas geométricas.
* Pintar as formas com cores diferentes.
* Furar as bordas.
* Cortar barbantes ou selecionar vários cadarços.

Objetivo

O alinhavo com formas geométricas tem por finalidade desenvolver a percepção visual, as semelhanças e as diferenças de formas e cores, bem como a coordenação motora.

Regra

A criança brinca com o alinhavo como se estivesse alinhavando um tecido. Neste jogo ela pode criar novas formas unindo uma às outras.

ALINHAVO COM FORMAS GEOMÉTRICAS

14. CAÇA PALAVRAS

Descrição

O jogo de caça palavras consiste num conjunto de cartelas com figuras e nomes e um alfabetário.

Material

- Caixa, cartelas e figuras.

Confecção

- Selecionam-se figuras de uma mesma família (animais, frutas) ou palavras com a mesma inicial (alho, abacaxi, etc.).
- Cortar as cartelas em forma retangular (3cm x 10cm).
- Colar a figura numa das extremidades.
- Escrever o nome logo após a figura.
- Com cartelas menores (3cm x 3cm) escrever todas as letras do alfabeto duas vezes e mais três vezes as vogais.
- Guardar todo o material em uma caixa.

Objetivo

O caça palavras tem por finalidade desenvolver a percepção visual, a função da leitura e a escrita bem como convívio com o material letrado.

Regra

Distribuir os cartões para as crianças. Cada um deverá buscar as letras iguais às dos nomes escritos nos cartões.

CAÇA PALAVRAS

15. ALFABETÁRIO DE PANO

Descrição

O alfabetário de pano consiste num painel de pano com bolsos, onde estão escritas 26 letras.

Material

• Tecido liso, tecido colorido, feltro e cartão.

Confecção

• Cortar o tecido liso (1m x 80cm).
• Prender 26 bolsos de 10cm x 10cm.
• Colocar uma letra em cada bolso na ordem do alfabeto.
• Fazer uma série de cartões de 8cm x 8cm com desenhos diversos.

Objetivo

O alfabetário de pano tem por finalidade desenvolver a percepção visual, a função da leitura e a escrita, bem como convívio com o material letrado.

Regra

O alfabetário de pano deve ser preso em uma parede onde a criança tenha acesso. Ela irá relacionar desenhos ou figuras e colocá-las no bolso correspondente à primeira letra do nome da figura.

ALFABETÁRIO DE PANO

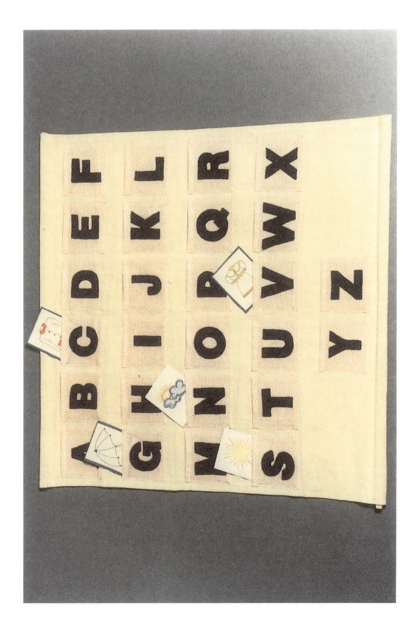

16. JOGO DE ARGOLA

Descrição

O jogo de argola consiste num conjunto de 10 garrafas descartáveis, em cores diferentes, numeradas de 1 a 10, e num conjunto de material de contagem com as mesmas cores das garrafas e argolas.

Material

• Garrafa, papel crepom, papel fantasia e argolas.

Confecção

• Colocar uma porção de areia no fundo da garrafa.
• Cortar papel crepom em tiras e colocar em cada garrafa uma cor.
• Fechar a garrafa.
• Cortar tampas de plástico no tamanho que encaixem nas garrafas para servir de argolas.
• Recortar em papel preto os numerais de 1 a 10 e colar um em cada garrafa.

Objetivo

O jogo de argola tem por finalidade desenvolver a percepção visuomotora, a identificação de cores e a relação número/quantidade.

Regra

Neste jogo podem participar de dois a seis participantes. As garrafas ficam agrupadas, e a uma distância de 4 a 6 metros as crianças lançam a argola: quando acertam, verificam o número contido na garrafa e retiram no material de contagem a cor e a quantidade correspondentes. Ganha o jogo quem conseguir o maior número de pontos.

Brinquedoteca: Sucata Vira Brinquedo 53

JOGO DE ARGOLA

17. SEQÜÊNCIA LÓGICA

Descrição

A seqüência lógica consiste num conjunto de garrafas descartáveis cortadas de modo a formarem uma seqüência lógica de tamanho.

Material

◆ Garrafas descartáveis, figuras e durex colorido.

Confecção

◆ Cortar as garrafas.
◆ Colar as figuras.
◆ Passar um durex colorido nas bordas.

Objetivo

A seqüência lógica tem por finalidade desenvolver as noções de ordem, tamanho e seqüência.

Regra

Distribuir as peças desordenadamente para a criança ordenar.

SEQÜÊNCIA LÓGICA

18. AMPULHETA

Descrição

A ampulheta é um instrumento de medida, composto por dois recipientes iguais.

Material

• Recipiente plástico, areia e fita gomada.

Confecção

• Selecionar recipientes iguais.
• Colocar areia em um deles.
• Colar as duas tampas.
• Fazer um furo nas tampas já coladas.
• Fechar os dois recipientes com as tampas.
• Medir o tempo (usando o relógio) em que a areia passa de um recipiente para o outro.
• Anotar nas extremidades dos dois recipientes o tempo.

Objetivo

A ampulheta tem por finalidade desenvolver a noção de tempo.

Regra

Como a ampulheta é um instrumento de medida ela pode ser usada simplesmente para que a criança observe o tempo que leva para a areia passar de um recipiente para outro, ou pode servir de apoio aos jogos (a criança tem que resolver determinada ação antes que a areia passe totalmente).

AMPULHETA

19. VAIVÉM

Descrição

O vaivém é uma adaptação com garrafas descartáveis do similar industrializado; consiste em fazer deslizar no fio o objeto.

Material

• Garrafas plásticas descartáveis, cordão, argolas e durex colorido.

Confecção

• Cortar duas garrafas ao meio.
• Juntar as partes iguais.
• Colar com durex colorido.
• Passar dois fios (± 3m).
• Colocar argolas nas quatro extremidades.

Objetivo

O vaivém tem por finalidade desenvolver a coordenação visuomotora, e as noções de alternância e distância.

Regra

O vaivém é um jogo de duplas, em que cada criança segura as extremidades do cordão e uma delas dá um impulso abrindo os braços, jogando o objeto para o outro, que repete a operação, e assim, sucessivamente, até errar. Quando um erra, este sai do jogo, entrando outro participante.

Brinquedoteca: Sucata Vira Brinquedo

VAIVÉM

20. PASSA BOLA

Descrição

O passa bola é composto de duas taças feitas com garrafas plásticas descartáveis e uma bola de meia.

Material

* Garrafas plásticas descartáveis, meia de náilon, jornal e durex colorido.

Confecção

* Cortar as garrafas ao meio.
* Colocar durex nas extremidades.
* Fazer uma bola de meia.

Objetivo

O passa bola tem por finalidade desenvolver a coordenação visuomotora, e as noções de distância e dentro/fora.

Regra

O passa bola pode ser jogado individualmente — segurando uma taça em cada mão e passando a bola de uma para outra — ou em equipe — passando de um companheiro para outro.

Brinquedoteca: Sucata Vira Brinquedo

PASSA BOLA

21. BILBOQUÊ

Descrição

O jogo de bilboquê consiste em fazer movimentos de modo que as contas caiam num recipiente menor.

Material

* Garrafa plástica descartável, tampa plástica, sementes grandes ou contas, fita adesiva e cola.

Confecção

* Cortar a garrafa plástica em duas porções de tamanhos diferentes, de modo que a do gargalo fique menor.
* Embutir uma na outra de forma invertida.
* Colocar sementes grandes ou contas no recipiente.
* Fechar a parte inferior com uma tampa de pote plástico de tamanho adequado.
* Colar todas as partes individualmente.
* Arrematar com fita adesiva colorida.

Objetivo

O bilboquê tem por finalidade desenvolver a coordenação visuomotora e as noções de tempo e quantidade.

Regra

O bilboquê pode ser jogado individualmente, em dupla ou em equipe. Ganha aquele que colocar o maior número de contas no recipiente menor. Obs.: é necessário determinar um tempo à tarefa. Para isso pode-se utilizar a ampulheta.

Brinquedoteca: Sucata Vira Brinquedo 63

BILBOQUÊ

22. CAI NÃO CAI

Descrição

O jogo cai não cai é uma adaptação com garrafa plástica descartável do similar industrializado; consiste em retirar uma a uma as varetas sem deixar cair as peças.

Material

• Garrafa plástica descartável, contas, sementes grandes ou material de contagem e varetas.

Confecção

• Fazer vários furos com arame quente de um lado ao outro da garrafa.
• Colorir varetas de madeira em várias cores.
• Selecionar material de contagem nas mesmas cores das varetas.

Montagem

• Para montar o jogo colocam-se as varetas na garrafa e, após, o material de contagem.

Objetivo

O jogo cai não cai tem por finalidade desenvolver a atenção, a motricidade, a percepção visual, e as noções de cor e quantidade.

Regra

No cai não cai pode participar uma criança para cada cor de vareta. Cada jogador escolhe uma cor e, na sua vez de jogar, só poderá movimentar as suas varetas, tentando não deixar cair as contas de sua cor e derrubando as contas dos companheiros. Ao final, quem tiver o menor número de contas caídas ganha o jogo.

CAI NÃO CAI

23. JOGO LÓGICO

Descrição

O jogo lógico é composto por dois dados (quantidade e cor) um tabuleiro e 84 peças de encaixe divididas em seis cores.

Material

• Bandeja para ovos, tinta guache, cartão e papel colorido.

Confecção

• Pintar a bandeja de ovos em seis cores.
• Cortar 84 peças de bandeja e colorir com as mesmas cores do tabuleiro.
• Fazer dois dados: um deles é pintado nas mesmas cores do tabuleiro, e o outro, com quantidades de 1 a 6.

Objetivo

O jogo lógico tem por finalidade desenvolver as noções de quantidade, cor, encaixe e o raciocínio lógico.

Regra

Neste jogo, podem participar de dois a seis parceiros, cada criança devendo escolher uma cor. Espalham-se as peças pequenas na mesa. Joga-se então o dado da cor e em seguida o da quantidade. Verifica-se o resultado (ex.: 4 e amarelo) e retiram-se as peças, encaixando-as no tabuleiro, na fileira da mesma cor. Ganha quem primeiro colocar todas as peças de sua cor no tabuleiro.

Brinquedoteca: Sucata Vira Brinquedo 67

JOGO LÓGICO

24. MEMÓRIA AUDITIVA

Descrição

A memória auditiva consiste num conjunto de diferentes pares de peças que produzem sons iguais dois a dois.

Material

* Recipientes iguais e objetos pequenos variados (areia, cereais, pregos, pedrinhas, etc.).

Confecção

* Selecionar recipientes de plástico que não sejam transparentes, sempre em números pares.
* Selecionar os objetos (areia, cereais, etc.) e colocar no recipiente.
* Colocar em cada dois recipientes a mesma quantidade de material.
* Fazer no mínimo cinco pares para cada jogo.
* Tampar e vedar as tampas.

Objetivo

A memória auditiva tem por finalidade desenvolver a atenção, a discriminação de sons e a percepção auditiva.

Regra

Espalham-se as peças na mesa, e a criança procura os pares, ouvindo os sons produzidos. Quem fizer mais pares ganha o jogo.

MEMÓRIA AUDITIVA

25. TOCA DO RATINHO

Descrição

O jogo consiste num conjunto de "tocas" onde deve entrar o "ratinho".

Material

◆ Caixa, potes e bolitas.

Confecção

◆ Selecionar uma tampa de caixa grande ($\pm$60 cm x 40cm).
◆ Selecionar seis potes de iogurte e pintar três de uma cor e três de outra.
◆ Fazer um corte em forma de toca.
◆ Colar as cores alternadas.
◆ Colocar os números de 1 a 6, sendo uma cor para os números ímpares e outra para os pares.

Objetivo

A toca do ratinho tem por finalidade desenvolver a motricidade fina, a percepção visual e a noção de quantidade.

Regra

O jogo pode ser jogado em equipe, sendo que cada criança, num determinado tempo, tenta colocar a bolita na toca; cada vez que conseguir, faz os pontos especificados em cada peça. Quem fizer o maior número de pontos ganha.

Brinquedoteca: Sucata Vira Brinquedo

TOCA DO RATINHO

26. CADA COR NO SEU LUGAR

Descrição

Este jogo é composto de um suporte com gavetas identificadas pela cor e peças pequenas da mesma cor das gavetas.

Material

* Caixas iguais, papel e canetas esferográficas usadas.

Confecção

* Desmontar canetas coloridas e utilizar a tampa para caixas pequenas e a parte maior para caixas grandes.
* Unir as caixas, fazendo um único suporte.
* Colorir cada caixa com cores diferentes.
* Selecionar canetas das mesmas cores das caixas.
* Colocar o mesmo número de peças em cada caixa.

Objetivo

Este jogo tem por finalidade desenvolver a percepção visual, e as noções de diferenças e semelhanças de cores e classificação.

Regra

As peças são colocadas aleatoriamente na mesa, e a criança tem que classificá-las pela cor e colocá-las na gaveta correspondente. Ganha o jogo quem terminar primeiro.

Brinquedoteca: Sucata Vira Brinquedo

CADA COR NO SEU LUGAR

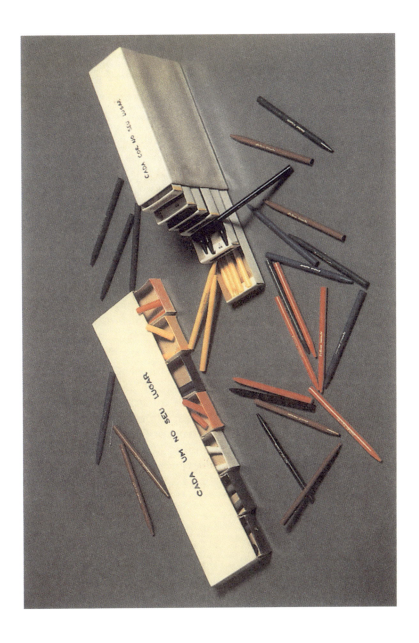

27. DADO DO TEMPO

Descrição

O dado do tempo é composto por um dado grande e 60 cartões com figuras correspondentes às condições do tempo.

Material

• Cartão grosso (pedaços de caixas), cartolina e papel.

Confecção

• Montar o dado grande (15cm x 15cm). Em cada lado, desenhar uma das condições do tempo.
• Cortar 60 cartelas quadradas (6cm x 6cm) de cartolina.
• Desenhar as condições do tempo (chuva, sol, nuvem, relâmpago, nuvem com sol, nuvens grossas), sendo que para cada situação devem ser feitos 10 desenhos.
• Colar nos cartões de cartolina os desenhos.

Objetivo

O jogo tem por finalidade desenvolver a percepção visual, a observação e a associação do desenho com o real.

Regra

Neste jogo, podem participar dois ou mais parceiros. Joga-se o dado e de acordo com a figura que ficar para cima a criança retira o cartão correspondente, procedendo-se dessa forma, sucessivamente, até os cartões acabarem. Quando terminarem os cartões, as crianças observam o tempo e identificam quais os desenhos que correspondem ao real. Ganha quem tiver mais cartões iguais às condições de tempo naquele momento.

DADO DO TEMPO

28. ASSOCIAÇÃO DE IDÉIAS

Descrição

A associação de idéias consiste num baralho com figuras aleatórias que devem ser associadas na seqüência de uma história.

Material

♦ Caixa, cartelas e figuras.

Confecção

♦ Cortar 20 cartelas de tamanhos iguais para formar um baralho.
♦ Selecionar 20 figuras diferentes e colar em cada cartela.
♦ Forrar uma caixa para guardar o baralho.

Objetivo

Este jogo tem por finalidade desenvolver a criatividade, o pensamento lógico, a associação de idéias e a linguagem oral.

Regra

Neste jogo, podem participar de dois a cinco parceiros. Embaralhar as cartas e colocá-las todas juntas, viradas para baixo. Cada jogador retira uma carta e começa uma história baseada na figura que tirou; o seguinte compra outra carta e continua a história, introduzindo sua figura e assim, sucessivamente, até terminar o baralho.

Brinquedoteca: Sucata Vira Brinquedo

ASSOCIAÇÃO DE IDÉIAS

29. BINGO DE CORES E FORMAS

Descrição

O bingo de cores e formas consiste num conjunto de cartelas e cartas com formas e cores diversas.

Material

* Cartolina, duplex, papel branco e papel colorido.

Confecção

* Cortar oito cartelas quadradas com 25cm de lado.
* Dividir a cartela em 25 quadrados de 5cm cada um.
* Recortar formas (quadrado, triângulo e círculo) nas cores verde, amarela, azul e vermelha.
* Colar as formas nas cartelas, podendo repeti-las desde que nenhuma cartela fique exatamente igual à outra.
* Fazer um baralho com cartas (5cm x 5cm) que tenham as mesmas formas e cores das cartelas.

Objetivo

O bingo de cores e formas tem por finalidade desenvolver a atenção, a concentração, a percepção visual e as noções de diferenças e semelhanças de formas e cores.

Regra

Neste jogo, podem participar até oito parceiros. Cada participante recebe uma cartela; aquele que comanda o jogo fica com as cartas e mostra-as uma a uma. Quem identificar na sua cartela a mesma forma e cor marca com um objeto pequeno (feijão, tampinha). Ganha quem primeiro preencher sua cartela.

BINGO DE CORES E FORMAS

30. SEQÜÊNCIA DE QUANTIDADE E COR

Descrição

Este jogo é composto por duas cartelas com seqüência de quantidade e cores e 30 palitos com as mesmas cores que constam nas cartelas.

Material

◆ Cartolina, duplex, palitos, papel branco e tinta guache.

Confecção

◆ Cortar uma cartela de 10cm x 18cm e uma de 10cm x 6cm.
◆ Cortar tiras de papel de 1cm x 1cm azuis, quatro amarelas, cinco verdes e seis vermelhas.
◆ Na cartela maior colar uma tira preta, duas azuis, três amarelas, quatro verdes e cinco vermelhas.
◆ Na cartela menor colar na mesma seqüência uma tira de cada cor.
◆ Pintar os palitos na mesma referência e cores da cartela grande duas vezes, de maneira que complete 30 palitos.

Objetivo

A seqüência de quantidade e cor tem por finalidade desenvolver a percepção visual, e as noções de conservação, seqüência lógica e semelhanças e diferenças de cores.

Regra

Primeiramente, os palitos devem ser colocados sobre a cartela maior, de acordo com a seqüência de cores e a quantidade correspondente. Após, a criança deverá colocar no cartão menor o mesmo número de peças do maior, e então terá que resolver o problema: "Como colocar o mesmo número de palitos no cartão menor?"

Brinquedoteca: Sucata Vira Brinquedo 81

SEQÜÊNCIA DE QUANTIDADE E COR

31. MEMÓRIA

Descrição

O jogo de memória consiste num conjunto de pares de peças.

Material

• Caixas, papel e figuras.

Confecção

• Selecionar 20 caixas exatamente iguais.
• Selecionar 10 pares de figuras de animais.
• Encher as caixas com jornal picado e forrar com papel de uma só cor.
• Colar uma figura em cada caixa.

Objetivo

Este jogo tem por finalidade desenvolver a atenção, a percepção visual, a memória e a identificação dos animais.

Regra

A memória joga-se em dupla ou equipe. Espalham-se as peças na mesa, com as figuras voltadas para baixo. O primeiro jogador vira duas peças na tentativa de achar o par, e, se conseguir, pega para si. Caso não consiga, vira a peça e passa para o jogador seguinte. Ganha quem fizer mais pares.

MEMÓRIA

32. CINCO MARIAS

Descrição

O jogo de cinco marias consiste num conjunto de cinco peças iguais (saquinhos ou pedrinhas).

Material

* Pano e cereais.

Confecção

* Costurar cinco saquinhos de pano e deixar um lado aberto.
* Encher os saquinhos com arroz ou outro cereal miúdo e fechar.
* Fazer um saco de pano maior para guardar as cinco marias.

Objetivo

O jogo de cinco marias tem por finalidade desenvolver a atenção, a coordenação visuomotora e as noções de quantidade e conjunto.

Regra

O jogo de cinco marias pode ser jogado em dupla ou equipe. A lógica é pegar as peças na seqüência de 1 a 5, atirando uma para cima e pegando as da mesa. Na primeira jogada, o participante pega uma a uma, na segunda pega duas de cada vez, e assim por diante.

CINCO MARIAS

33. PETECA

Descrição

A peteca é um brinquedo de origem indígena, e originalmente se constitui de uma bola feita de palha de milho, tendo na parte de cima penas de aves.

Material

• Palha de milho, pena, barbante, tecido e caixa de fósforo.

Confecção

• Selecionar palhas de milho, de preferência novas, para não quebrar facilmente, pegar para suporte uma caixa de fósforo cheia de cereais e colocar por fora várias palhas de milho em forma de cruz, amarrando-as todas de uma só vez na parte de cima da caixa.
• Cortar o excedente da palha.
• Colocar cola na parte inferior das penas e ir arrumando de modo que fiquem bem distribuídas.
• As penas podem ser tingidas com anilina.

Objetivo

O jogo de peteca tem por finalidade desenvolver a coordenação motora e a noção de espaço.

Regra

A peteca pode ser jogada em dupla ou equipe. Consiste em atirar com a palma da mão para o companheiro, que deverá rebater e não deixar cair. Aquele que deixar cair perde; se for em equipe, esta sai do jogo.

PETECA

34. BONECA DE PANO

Descrição

As bonecas de pano conseguiram resistir ao longo dos séculos, sempre encantando os sonhos das meninas. São brinquedos bastante expressivos da arte popular.

Material

♦ Pano, arame ou fio de náilon.

Confecção

♦ Recortar círculos de tecido no tamanho que preferir fazer a boneca.
♦ Alinhavar ao redor do círculo e puxar a linha até conseguir arrematar no centro.
♦ Fazer tantos círculos quantos achar necessário para o tamanho da boneca.
♦ Para montar as pernas, enfiar um fio de náilon ou um arame fino pelo centro dos círculos, no tamanho necessário para as duas pernas.
♦ Arrematar as extremidades e fazer os pés.
♦ Proceder da mesma forma para os braços.
♦ O corpo é feito num fio separado. Quando pronto, arrematar as extremidades, pegando as pernas e os braços; o fio deve sobrar em cima para passar pelo centro da cabeça.
♦ Enfeitar a cabeça com olhos, nariz, boca e cabelo.

Objetivo

As bonecas têm a finalidade de desenvolver a imaginação e a improvisação na brincadeira de faz de conta. Brincar de boneca é uma atividade prazerosa.

Regra

Este é um brinquedo no qual as crianças determinam as regras e criam situações imaginárias. No mundo do "faz de conta", a criança assume papéis que lhes proporcionam vivenciar as relações do cotidiano familiar, ampliando seu mundo.

BONECA DE PANO

35. FANTOCHE DE DEDO

Descrição

Os fantoches de dedo são minipersonagens que, com o auxílio dos dedos, ganham vida.

Material

• Pedaços de meia, pano, lã e linhas.

Confecção

• Para confeccionar fantoches quem determina a forma é a imaginação. É só pegar agulha e linha, o resto é com cada um.

Objetivo

A brincadeira com fantoche de dedo desenvolve a improvisação, a imaginação, a motricidade e a linguagem oral.

Regra

Não existem regras fixas para a brincadeira de fantoches. Em cada brincadeira, as crianças criam personagem e fazem regras que valem para aquele momento.

FANTOCHE DE DEDO

36. LIVRO DE PANO

Descrição

O livro de pano foi criado para ser trabalhado com crianças, facilitando o manejo e evitando que se rasgue facilmente.

Material

* Tecido e tinta própria.

Confecção

* Criar a história, desenhando-a no papel.
* Passar cada folha do livro no pano e pintar.
* Fazer os meios de transportes separados e colocar um pedaço de velcro na parte inferior.
* Costurar as folhas do livro e colocar a outra parte do velcro nos lugares onde é possível colocar os meios de transportes.

Objetivo

Este livro tem a finalidade de desenvolver a linguagem oral, a imaginação e a identificação, dos meios de transportes, associando-os aos locais próprios de cada um (terra, água, ar).

Regra

Não existem regras para utilização do livro, ou seja, ele é próprio para a criança, pois facilita a conservação. Na sua utilização, cada meio de transporte faz parte da história que a criança vai criando, e ela o coloca nos lugares que desejar.

Brinquedoteca: Sucata Vira Brinquedo

LIVRO DE PANO

37. MEMÓRIA ASSOCIATIVA

Descrição

Este jogo de memória consiste num conjunto de pares por associação (mãe/filho ou maior/menor) pois as peças não são idênticas, porém cada par tem semelhanças na forma e diferenças no tamanho.

Material

• Pano, fita e tintas para tecido.

Confecção

• Desenhar os pares com uma estrutura idêntica (cenário) e os animais, sendo um grande e um pequeno.
• Passar para o tecido e pintar.
• Forrar com tecido liso a parte inferior.
• Prender fitas em cada um.

Objetivo

Este jogo tem por finalidade desenvolver a atenção, a percepção visual, a memória, a noção de tamanho, a coordenação motora e a identificação de animais.

Regra

A memória associativa joga-se em dupla ou equipe. Espalham-se as peças na mesa, com a figura voltada para baixo. O primeiro jogador vira duas peças na tentativa de achar a semelhante do par; se conseguir, pega para si e amarra uma a outra, identificando o tamanho dos animais. Caso não consiga, vira a figura e passa para outro jogador, e assim sucessivamente. Ganha quem fizer mais pares.

MEMÓRIA ASSOCIATIVA

38. RODA PIÃO

Descrição:

O roda pião é composto de um tabuleiro, um pião e material de contagem.

Material

• Cartão, papel branco, um pedaço de lápis usado, papel colorido e pano.

Confecção

• Com o cartão (caixa de papelão) confeccionar uma caixa que sirva de base para o tabuleiro.
• Com o mesmo tamanho da caixa recortar um quadrado de 40cm de lado.
• Fazer um círculo tangente às bordas do quadrado. Dividir o círculo em seis partes iguais, pintar um de cada cor e numerar de 1 a 6.
• Colocar-se esse tabuleiro no fundo da caixa.
• Para confeccionar o pião, recorta-se em papelão um círculo de 5cm de diâmetro, colorindo-o com as mesmas cores do tabuleiro.
• Fazer um furo no centro e colocar um pedaço de lápis com ponta.
• Com a mesma cor das partes do círculo confeccionar o material de contagem e colocar num saquinho de pano.

Objetivo

Este jogo tem a finalidade de desenvolver a relação número/quantidade, a coordenação motora e a identificação de cores.

Regra

No roda pião, podem participar de dois a quatro parceiros. Roda-se o pião no tabuleiro e, conforme o número e a cor onde o pião parou, o jogador retira da mesa as peças do material de contagem. O jogo termina quando as peças acabarem. Ganha quem conseguir o maior número de peças; ganha-se também pelo número de peças em cada cor.

Brinquedoteca: Sucata Vira Brinquedo

RODA PIÃO

39. CASA DE PANO

Descrição

A casa de pano consiste num suporte para seqüências, histórias. É composta por uma peça básica (casinha) e as demais são parte de histórias em desenhos para a criança colocar em seqüência lógica e contar.

Material

* Isopor, pano, papel, velcro e fitas.

Confecção

* Fazer a estrutura de uma casa em isopor, forrar com tecido e marcar seis janelas com fitas.
* Colocar um pedacinho de velcro em cada janela.
* Desenhar várias histórias em seqüência, em pedaços de papelão e colocar velcro na parte de trás.

Objetivo

A casa de pano tem por finalidade favorecer o desenvolvimento da linguagem oral e a noção de seqüência lógica.

Regra

A casa de pano é pendurada na parede, e as crianças vão pendurando cada parte da história nas janelas e contando aos demais.

CASA DE PANO

40. CALENDÁRIO DE PANO

Descrição

O calendário consiste num painel de pano com bolsos onde estão escritos do número 1 ao 31, correspondentes aos dias do mês, e de figuras com variação de tempo, vestuário e acessórios necessários a cada situação climática.

Material

• Pano e cartão.

Confecção

• Cortar um tecido liso de 1m x 1,20m.
• Prender 31 bolsos de 10cm x 10cm.
• Colocar um número em cada bolso de 1 a 31.
• Fazer uma série de cartões de 8cm x 8cm com desenho de situações climáticas, vestuário e acessórios.

Objetivo

O calendário de pano tem por finalidade desenvolver a noção de tempo e a seqüência lógica dos dias do mês, as estações do ano e as formas de vestuário adequadas ao clima.

Regra

Diariamente as crianças observam as situações climáticas e colocam as figuras correspondentes ao clima, ao vestuário e aos acessórios no bolso do calendário, identificando o dia da semana e o mês em que se encontram.

CALENDÁRIO DE PANO

REFERÊNCIAS BIBLIOGRÁFICAS

ANDRADE, Cyrce Junqueira de, et al. Educação infantil: muitos olhares. São Paulo: Cortez, 1994. 187 p.

BOMTEMPO, Edda. Brinquedoteca: o espaço de brincar. In: FRANÇA, Gisela, W., et al. O cotidiano da pré-escola, Série Idéias, 7. São Paulo: FDT, 1990. p. 68-72

CUNHA, Nilse Helena Silva. Brinquedo, desafio e descoberta: subsídios para utilização e confecção de brinquedos. Rio de Janeiro: FAE, 1988. 427 p.

CUNHA, Nilse Helena Silva. Brinquedoteca: definição, histórico no Brasil e no mundo. In: FRIEDMAN, Adriana, et al. O direito de brincar: a brinquedoteca. São Paulo: Scritta, 1992. p. 34-48.

CUNHA, Nilse Helena Silva. Brinquedoteca: um mergulho no brincar. São Paulo: Maltese, 1994. 117 p.

DIDONET, Vital. O direito de brincar. In: CONGRESSO BRASILEIRO DE BRINQUEDOTECAS, 2, 1994, São Paulo. Palestra... 4 p.

FRIEDMANN, Adriana. Jogos tradicionais. In: FRANÇA, Gisela, W., et al. O cotidiano da pré-escola. Série Idéias, 7, São Paulo: FDE, 1990. p. 54-61.

FRIEDMANN, Adriana et al. O direito de brincar: a brinquedoteca. São Paulo: Página Aberta, 1992. 269 p.

KHISHIMOTO, Tizuco Morchida. O jogo e a educação infantil. São Paulo: Pioneira, 1994. 63 p.

OLIVEIRA, Paulo de Salles. O que é brinquedo. São Paulo: Brasiliense, 1984. 83p.

RIZZI, Leonor, HAYDT, Regina Célia. Atividades lúdicas na educação da criança. 2 ed. São Paulo: Ática, 1987. 94 p.

RODRIGUES, Marlene. Psicologia Educacional: uma crônica do desenvolvimento infantil. São Paulo: McGraw-Hill, 1976. 305 p.